My First SAMOAN Children's Bible Stories
With English Translations

Published by the
GERÅRD AFLÅGUE COLLECTION

Edited by
Mary Aflague

Samoan translations by
East-West Concepts
www.eastwestconcepts.com

Designed by
Gerard Aflague

Gerard Aflague Collection. Copyright © 2017. All rights reserved.

Notice: No part of this book may be reproduced, stored in a retrieval system, or transmitted in any form by any means, without written permission from the publisher. To obtain permission, contact sales@gerardaflaguecollection.com.

If this book was purchased on Amazon.com, contact Amazon customer service to request for a replacement copy if printing defects are found. Otherwise, contact sales@gerardaflaguecollection.com for all other matters.

Some content taken from the Holy Bible, New Living Translation. Copyright © 2015. Used by permission of Tyndale House Publishers, Inc. All rights reserved.

Presented especially to

May God's light shine into your life.

In the beginning, God made the Heavens and the Earth and all that is in them.

I le amataga, na faia e le Atua le Lagi ma le Lalolagi ma mea uma o lo'o iai.

God made flowers, trees, and animals in the sea and on land. He also created people in His image. Everything God made was good.

The Creation Story
O le Tala o le Foafoaga

Na faia e le Atua fugala'au, la'au, ma meaola o le sami ma le lau'ele'ele. Na ia faia fo'i tagata I lona fa'atusa. O mea uma na faia e le Atua sa lelei.

Even though it has not rained in years, God told Noah to build a big boat. God instructed Noah to take his family and two of every kind of animal into the boat.

Noah's Ark
O le Va'a o Noa

E ui e le'i timu mo le tele o tausaga, sa fai le Atua ia Noa ina ia fau se va'a tele. Sa fa'atonuina e le Atua ia Noa ina ia ave lona 'āiga ma le ta'ilua o so'o se itu'āiga o meaola I totonu o le va'a.

It rained for forty days and nights. Noah, his family, and the animals were safe in the boat when the flood came. God made a rainbow to show His people that He loved them.

Sa timu mo le fāsefulu ao ma po. Sa saogalēmū Noa, lona 'āiga, ma meaola I totonu o le va'a ina ua sau le lolo. Sa faia e le Atua se nuanua e fa'aali atu ai I ona tagata lona alofa ia I latou.

This princess sees something in the river. It's a baby in a basket! What's a baby doing in the river?

Sa iloa atu e le purinisese lenei se mea I luga o le vai. O le pepe o lo'o I totonu o se ato! Fa'apefea ona o'o le pepe I luga o le vai?

The baby was rescued by the princess and she named him Moses. Moses' sister made sure he was taken care of.

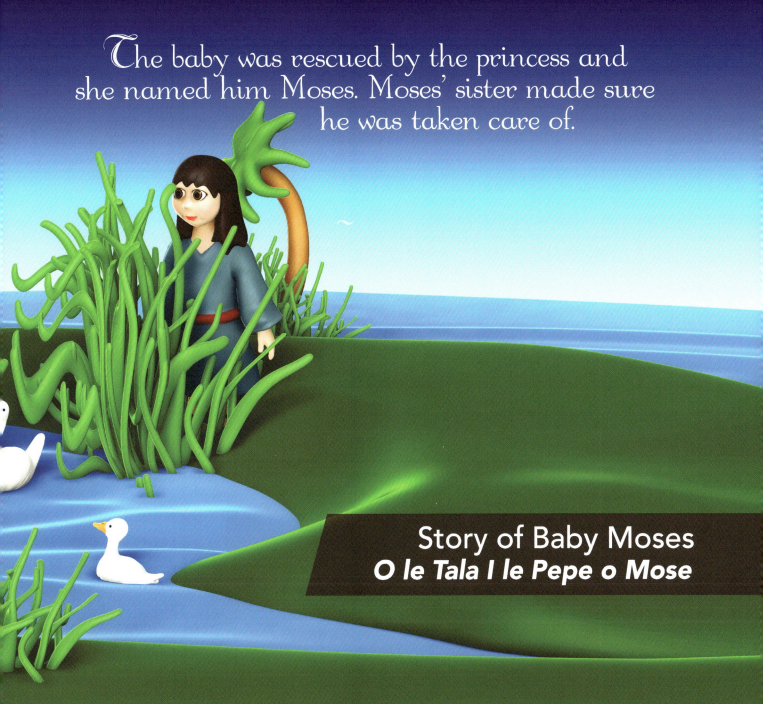

Story of Baby Moses
O le Tala I le Pepe o Mose

Sa lavea'i e le purinisese le pepe ma fa'aigoa ia te ia o Mose. Sa fa'amautinoa e le tuafafine o Mose o le a tausia lelei o ia.

So many hungry lions are in this den, and Daniel is in there too. Will Daniel be alright?

Daniel in the Lions' Den
O Tanielu I le Lua o Leona

O le tele o leona fia'a'ai o lo'o I totonu o le lua lenei, ma o lo'o iai fo'i ma Tanielu. E iai se mea e tupu ia Tanielu?

Daniel prayed to God. God sent His angels to shut the lions mouths and to protect him.

Sa tatalo Tanielu I le Atua. Sa auina mai e le Atua ana agelu e pupuni gutu o leona ma puipui ia te ia.

David always kept watch over his sheep, protecting them from hungry lions and bears. He was a good shepherd.

E va'ava'ai I taimi uma e Tavita lana lafu mamoe, ma puipui ia I latou mai liona ma pea fia'a'ai. O ia o se leoleo mamoe lelei.

God is our shepherd who protects and guides us. We can always trust in Him.

David the Shepherd
O Tavita le Leoleo Mamoe

O le Atua o lo tatou leoleo mamoe e puipuia ma ta'ita'ia I tatou. E mafai ona tatou fa'atuatua ia te Ia I taimi uma.

David was young. He fought against a big, strong giant named Goliath. David hurls a stone from his sling with all of his might.

O Tavita e la'itiiti. Sa tau ma se sau'ai telē ma le malosi e igoa ia Koliata. Sa ta ma le malosi e Tavita se ma'a mai lana ma'atā.

He hits Goliath on the head. The giant falls.
David is a true leader chosen by God.

David and Goliath
O Tavita ma Koliata

Sa tau I le ulu o Koliata. Na pa'ū I lalo le sau'ai. O Tavita o se ta'ita'i moni lava na tofia e le Atua.

Far away, angels sang and told shepherds about a baby's birth. The shepherds quickly searched for this special baby.

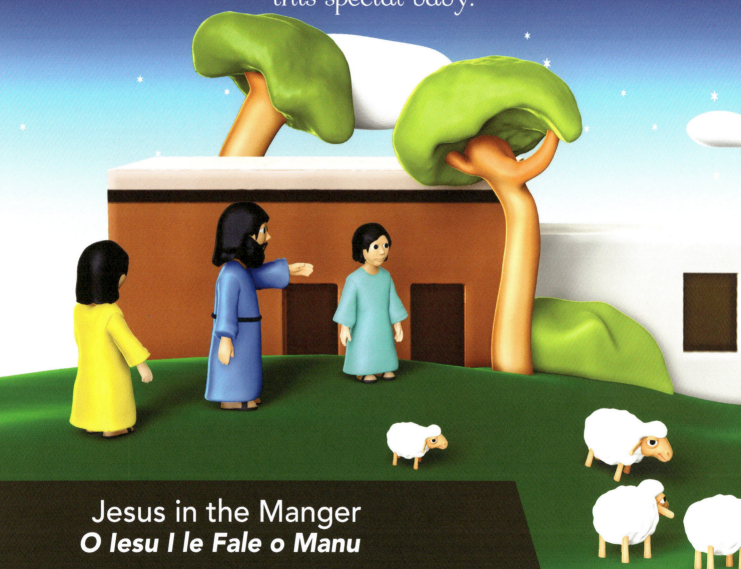

Jesus in the Manger
O Iesu I le Fale o Manu

I se mea mamao, na pepese agelu ma ta'u atu I le 'au leoleo mamoe le fanau o le pepe. Sa fa'avave ona saili e leoleo mamoe lenei pepe tāua.

It was baby Jesus! God sent His Son to teach us about His love and forgiveness, and to save us from sin that keeps us from being with God some day.

O lea pepe o Iesu! Sa auina mai e le Atua Lona Atali'i ina ia a'oa'o mai ai Lona alofa ma Lona loto fa'amagalo, ma lavea'i tatou mai le agasala lea e lē mafai ai ona tatou fa'atasi ma le Atua I se aso.

Where's Jesus? Mary and Joseph looked all around searching for Jesus.

Boy Jesus at the Temple
O le Tama o Iesu I le Malumalu

O fea Iesu? Sa saili solo e Maria ma Iosefa ia Iesu po'o fea o iai.

Here He is speaking and listening to older teachers in the temple about God. Jesus loves talking about God.

A Iesu lea o lo'o tautala ma fa'alogo I faiā'oga matutua I totonu o le malumalu e fa'atatau I le Atua. E fiafia tele Iesu e talanoa e uiga I le Atua.

What is Zacchaeus doing up in the tree? Did he climb up because a big hungry bear was chasing him?

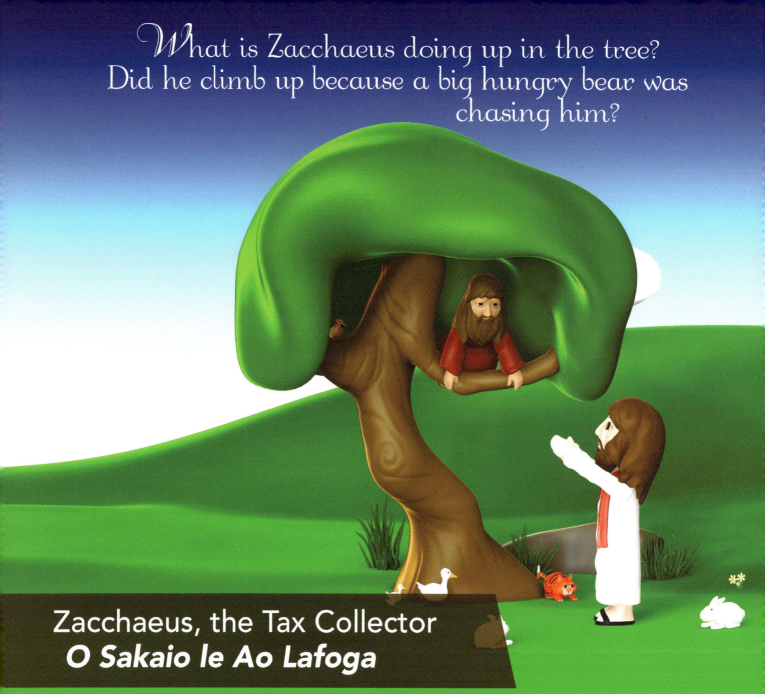

Zacchaeus, the Tax Collector
O Sakaio le Ao Lafoga

O le a le mea a Sakaio o lo'o fai I luga o le la'au? Na a'e I luga ona o lo'o tuli o ia e se pea lapo'a ma fia'ai?

No, Zacchaeus just wanted to see Jesus in the crowd. Jesus walked toward him and said, "Let's go to your house."

Leai, ona o le fia matamata o Sakaio ia Iesu I totonu o le motu o tagata. Sa savali atu Iesu ia te ia ma fai atu, "Ta ō I lou fale."

What a raging storm! The waves are rough and the winds are strong. Jesus' disciples are afraid. Quick! Wake up Jesus.

Jesus Calms the Storm
Na Taofi e Iesu le Afā

Oka se malosi o le afā! O le sou o le sami I galu ma savili malolosi. Ua fefefe le 'au so'o o Iesu. Fa'avave! Fafagu I luga Iesu.

Jesus awoke and told the sea and wind to be still. The wind and sea obeyed Jesus. Jesus' friends were amazed at how Jesus calmed the storm.

Sa ala I luga Iesu ma fai atu I le sami ma le matagi ina ia fifilemu. Na usita'i le sami ma le matagi ia Iesu. Na ofo uo a Iesu I lona mafai ona taofi o le afā.

Many children run to Jesus.
He's so kind and loving.

Little Children and Jesus
O Tamaiti Laiti ma Iesu

E to'atele tamaiti na tamomo'e atu ia Iesu.
O Ia e agamalū ma alofa.

Jesus loves the little children. He wants all the children to know that they can always come to Him.

E alofa Iesu I tamaiti laiti. E mana'o o Ia ia iloa e tamaiti uma e mafai ona latou o atu ia te Ia I so'o se taimi.

In another storm, Peter sees Jesus walking on water. Peter climbs out and begins walking toward Jesus. Peter sees the wind and waves and looks aways from Jesus.

I le isi afā, na va'ai ai Peteru ia Iesu o lo'o savali I luga o le vai. Na oso I fafo ma le va'a Peteru ma savali aga'i ia Iesu. Na va'ai atu Peteru I le matagi ma galu ma tilotilo ese ai mai ia Iesu.

Peter begins to sink. Jesus reaches down and grabs Peter. We need to keep our eyes on Jesus.

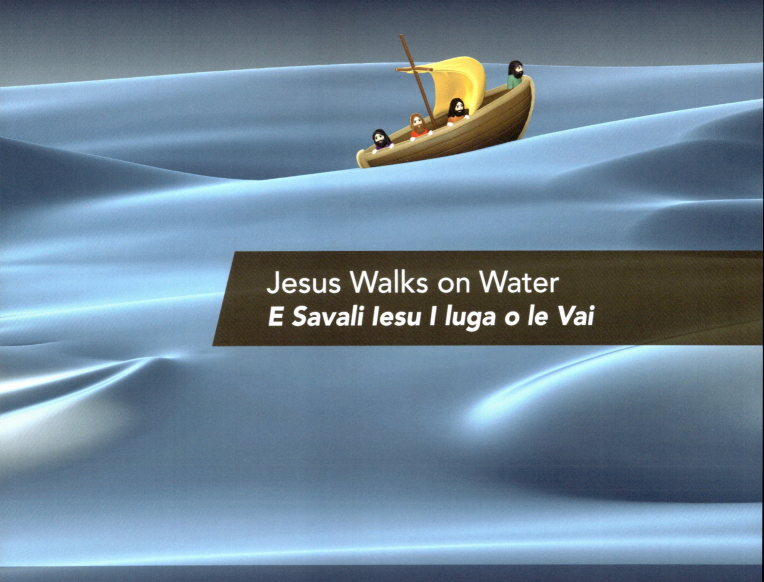

Jesus Walks on Water
E Savali Iesu I luga o le Vai

Na amata ona goto Peteru. Na a'apa atu Iesu ma mau ia Peteru. E tatau ona tatou va'ava'ai pea ia Iesu.

This man has been blind for a long time. Jesus heals him and makes him see.

O lenei tamaloa ua umi se taimi o tauaso. Na fa'amālōlō o ia e Iesu ma mafai ai ona vaai.

Everyone was amazed at how Jesus helped the blind man see.

Jesus Heals the Blind Man
Ua Fa'amālōlō e Iesu le Tamaloa Tauaso

Na ofo tagata uma I le mafai e Iesu ona fa'apupula mata o le tamaloa tauaso.

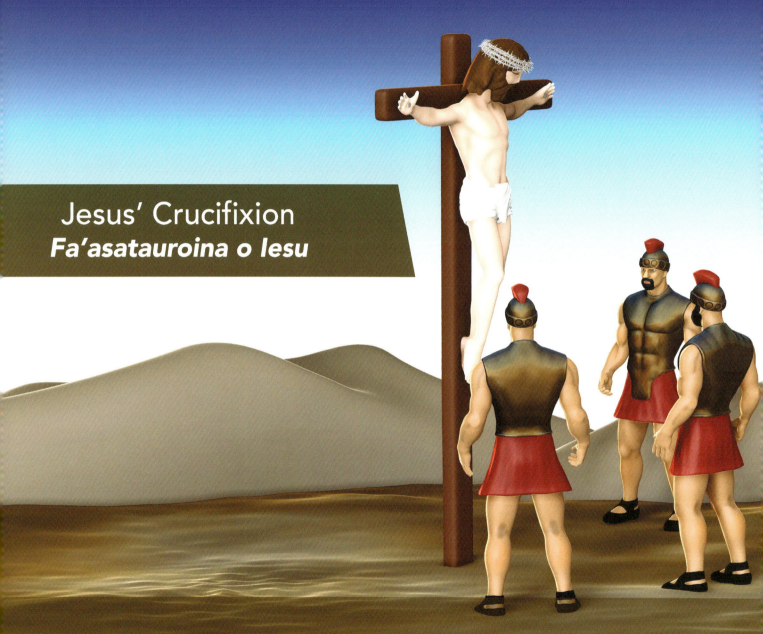

Jesus was hung on the cross to die.

Jesus' Crucifixion
Fa'asatauroina o Iesu

Na fa'atautau Iesu I luga o le satauro ma maliu ai.

He died for our sins.

Na maliu o Ia ona o a tatou agasala.

On the third day, Jesus was raised.
Mary saw Him. She was so happy He was alive again.
She went to tell her friends what she saw.

O le aso tolu sa toetu ai Iesu.
Sa va'ai Maria ia te Ia. Sa matuā fiafia Maria ua toetu Iesu.
Sa alu ma ta'u atu I ana uo le mea sa va'ai iai.

Jesus will come again to Earth from Heaven with clouds of angels.

O le a toe afio mai Iesu I le Lalolagi mai le Lagi ma ao o agelu.

He will come and take everyone to Heaven who loves and follows God.

Jesus' Second Coming
O le Afio Fa'alua mai o Iesu

O le a toe afio mai e ave I le Lagi tagata
uma e alolofa ma mulimuli I le Atua.

Memory Verses & Bible Promises

Come, my children, and listen to Me, and I will teach you to fear the Lord.

Psalm 34:11 (NLT)

O mai, la'u fanau, ma fa'alogo mai ia te A'u, ma o le a ou a'oa'oina outou ina ia mata'u I le Ali'i.

E fa'amanuia le Atua ia I latou e fa'atupuina le filemu, auā e ta'ua I latou o le fanau a le Atua.

I will teach all your children,
and they will enjoy great peace.

Isaiah 54:13 (NLT)

O le a ou a'oa'oina tou fanau uma, ona latou olioli lea ma le filemu tele.

Our Prayer for You

May the Grace of God, the Love of Jesus Christ, and the Holy Spirit Be with you.

Ia iā te outou le Manuia o le Atua, le Alofa o Iesu Keriso, ma le Agaga Paia.

We believe in the message of the Holy Bible and are truly passionate about sharing these 16 wonderful stories in the language of the Samoan people.

It is our honor as Pacific Islanders from Guam, to translate this bilingual children's bible story in Samoan as a gift to our Samoan brothers and sisters. We pray that young children everywhere seek to know Jesus, the Father, and the Holy Spirit.

If you have a desire to share this book in your church or organization, we offer this book in bulk sale. Contact us at sales@gerardaflaguecollection.

In Christ Jesus,
Gerard and Mary Aflague

CPSIA information can be obtained at www.ICGtesting.com
Printed in the USA
LVIW01n0234131217
559570LV00002B/53